EINE FAHRRADTOUR DURCH DIE STADT

VON INGA KRAUSE

Spitz die Ohren und öffne Augen und Nase – tauche gemeinsam mit Isaak ein in die geheimnisvolle, bunte Welt der Stadt.

Ein furchterregendes Gewitter? Fühl doch, wie schön der Regen auf die Haut prasselt und der Donner in den Ohren grollt!
Ein nerviger Stau? Komm, wir fahren mit unserem Fahrrad dran vorbei!

Wo andere nur den grauen Alltag sehen, erfährst du die Stadt in all ihren Besonderheiten. So wie den Geruch von Regen auf trockener Erde: PETRICHOR!

© Thommy West

Inga Krause lebt und arbeitet als freiberufliche Künstlerin in Bremen. Ein großer Teil ihres Schaffens liegt heute in der Malerei. Sie malt auf Fassaden, Wänden und Leinwänden. Zudem übersetzt sie ihre Figuren in ihrem eigenen Keramikofen in die Dreidimensionalität.

Inga ist seit einigen Jahren Teil des Artist-in-Residence-Projektes von Cornelia Funke. PETRICHOR ist ihr Bilderbuchdebüt und war für den Hamburger Bilderbuchpreis 2019 und für den Hans-Meid-Förderpreis 2022 nominiert.

Ein Dankeschön geht an Luzia Hein für den gestalteten Schriftzug PETRICHOR und ihre grafische Unterstützung.

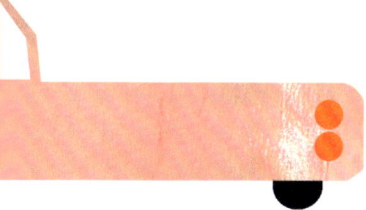

Uns liegt ein nachhaltiger Umgang mit dem Medium Buch am Herzen: Wir lassen unsere Bücher möglichst klimaausgleichend und mit mineralölfreien Farben in Deutschland drucken und binden. Außerdem unterstützen wir Naturschutzprojekte und verzichten seit einigen Jahren auf das Folieren der Bücher.

Impressum

© kunstanstifter, 2025
kunstanstifter GmbH & Co. KG, Mannheim
Alle Rechte vorbehalten. Das Werk darf – auch teilweise – nur mit Genehmigung des Verlages wiedergegeben werden.

Text, Illustration & Buchgestaltung: Inga Krause
Illustrationstechnik: Analog-digitale Collage
Typografie Titelgestaltung: Studio Luzia Hein
Lektorat: Lena Anlauf
Herstellung: Viktoria Napp
Druck & Bindung: optimal media GmbH, Röbel/Müritz

Papier: Kamiko Fly Shira 150 g/m², f-color glatt 406 120 g/m²
Schrift: Futura PT
🪑 Hergestellt in Deutschland 🪑

Erste Auflage 2025
ISBN 978-3-948743-17-8

www.kunstanstifter.de

978-3-948743-17-8

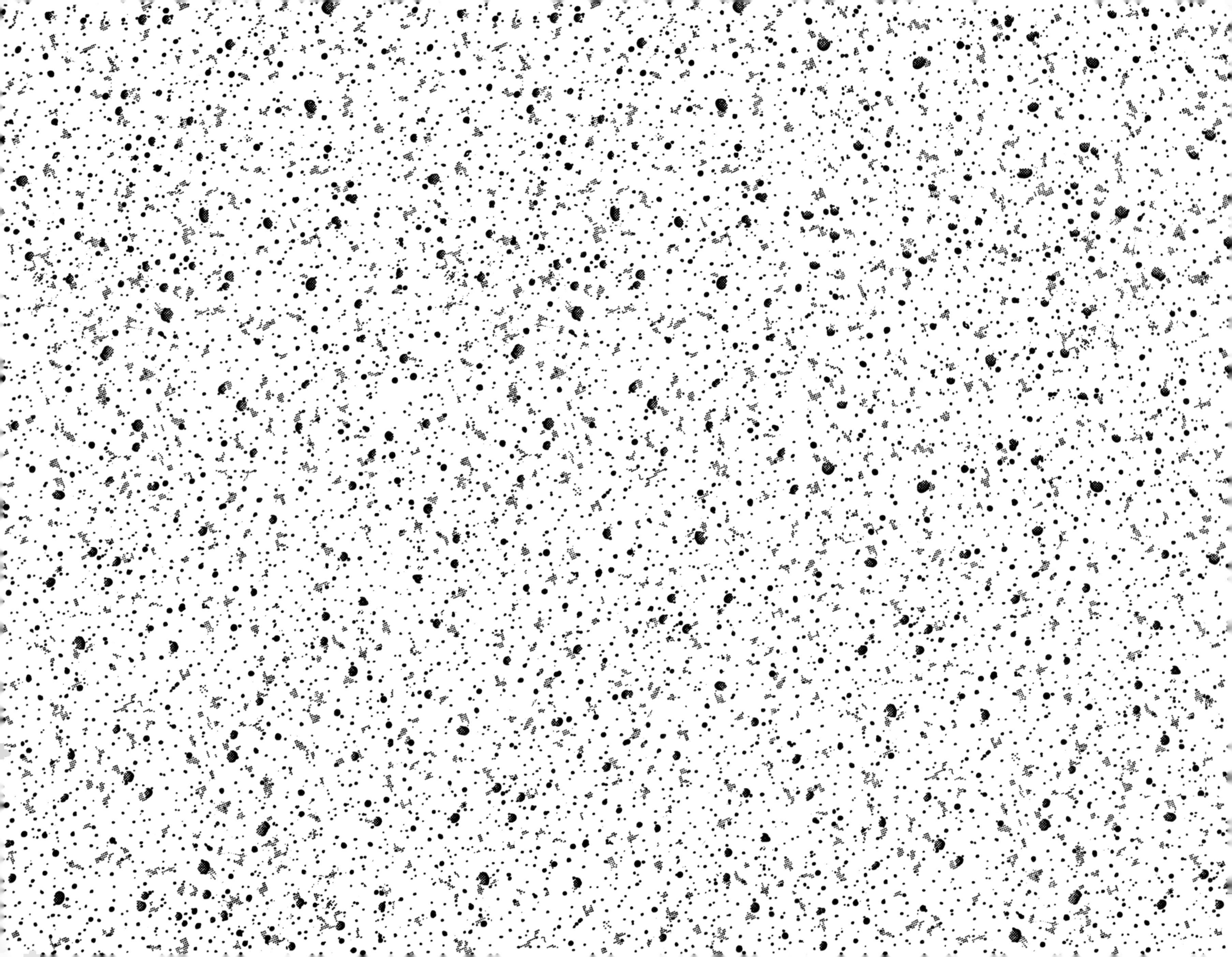